Ivo Muser

Bischof von Bozen-Brixen	★ 22.02.1962 - Gais/Gais (BZ)
Vescovo di Bolzano-Bressanone	☧ 28.06.1987 - Brixen/Bressanone/Persenon
Vescul de Bulsan-Persenon	09.10.2011 - Brixen/Bressanone/Persenon

CRE
DO

Bischof Ivo Muser

Ich glaube

Was unseren Glauben ausmacht

Für Herrn
Walter Hatterer

Mit herzlichen
Segenswünschen

+ Ivo Muser

11.10.2019

VERLAGSANSTALT ATHESIA | BOZEN

Vorwort

„Die Tür des Glaubens (vgl. Apg 14,27), die in das Leben der Gemeinschaft mit Gott führt und das Eintreten in seine Kirche erlaubt, steht uns immer offen. Es ist möglich, diese Schwelle zu überschreiten, wenn das Wort Gottes verkündet wird und das Herz sich durch die verwandelnde Gnade formen lässt. Durch diese Tür zu gehen bedeutet, einen Weg einzuschlagen, der das ganze Leben fortdauert. Er beginnt mit der Taufe (vgl. Röm 6,4), durch die wir Gott Vater nennen dürfen, und endet mit dem Übergang durch den Tod hindurch in das Ewige Leben, das Frucht der Auferstehung Jesu, des Herrn, ist." Mit diesen Worten beginnt Papst Benedikt XVI. sein Apostolisches Schreiben „Porta fidei", mit dem er die ganze Kirche zu einem Jahr des Glaubens (11. Oktober 2012 – 24. November 2013) einlädt. Die Tür des Glaubens steht uns immer offen; es ist auch heute möglich, diese Schwelle zu überschreiten; durch diese Tür zu gehen bedeutet, einen Weg einzuschlagen – einen Weg, der unserem Leben Halt, Orientierung, Freude und ein bleibendes Ziel schenken will. Den Glauben kennen lernen, den Glauben bedenken, den Glauben persönlich und gemeinschaftlich bekennen und feiern, mit dem Glauben der Kirche beten, diesen Glauben mit Überzeugung und Freude leben und weitertragen: Dazu möchte auch dieses Credo – Büchlein Mut machen und einladen. Christinnen und Christen müssen heute wissen, woran sie glauben und was sie glauben. Je mehr wir uns mit dem Glauben auseinandersetzen, je mehr wir ihn miteinander teilen, je mehr wir imstande sind über den Glauben zu reden,

desto mehr werden wir die Kraft, die Schönheit und die Hoffnung entdecken, für die unser Glaube uns gewinnen will. Einen besonderen und herzlichen Dank richte ich an Patrizia Major Schwienbacher und an P. Martin M. Lintner OSM. Ihre Besinnungstexte laden ein, die großen Zusagen unseres Glaubensbekenntnisses auf dem Hintergrund der eigenen Lebens- und Glaubenserfahrung zu bedenken und zu vertiefen. Allen, die ihren Beitrag geleistet haben, gilt mein aufrichtiger Dank.
Ich lade Sie ein, durch die Tür des Glaubens zu gehen und zu entdecken, welches Licht hinter dieser Tür auf Sie wartet.

Con gioia vi invito a scoprire la luce che possiamo intravedere varcando la porta della fede perché ci illumini e ci guidi alla conoscenza del Cristo.
L Seniëur che nluminea cun la fede nosc cuer
Ve mantënie liëi tl amor.
Ćiarede vigni dé de vire cun coraje Osta fede y de dè inant la bona noela.

Ivo Muser
Bischof von Bozen-Brixen

Hochfest der Erscheinung des Herrn,
6. Jänner 2013, im Jahr des Glaubens

Inhaltsverzeichnis

Das apostolische Glaubensbekenntnis

Ich glaube an Gott, den Vater,
den Allmächtigen,
den Schöpfer des Himmels und der Erde,
und an Jesus Christus,
seinen eingeborenen Sohn, unsern Herrn,
empfangen durch den Heiligen Geist,
geboren von der Jungfrau Maria,
gelitten unter Pontius Pilatus,
gekreuzigt, gestorben und begraben,
hinabgestiegen in das Reich des Todes,
am dritten Tage auferstanden von den Toten,
aufgefahren in den Himmel;
er sitzt zur Rechten Gottes,
des allmächtigen Vaters;
von dort wird er kommen,
zu richten die Lebenden und die Toten.
Ich glaube an den Heiligen Geist,
die heilige katholische Kirche,
Gemeinschaft der Heiligen,
Vergebung der Sünden,
Auferstehung der Toten
und das ewige Leben.

Amen

Das Glaubensbekenntnis von Nizäa-Konstantinopel

Wir glauben an den einen Gott,
den Vater, den Allmächtigen,
der alles geschaffen hat, Himmel und Erde,
die sichtbare und die unsichtbare Welt.
Und an den einen Herrn Jesus Christus,
Gottes eingeborenen Sohn, aus dem Vater geboren
vor aller Zeit: Gott von Gott, Licht vom Licht,
wahrer Gott vom wahren Gott,
gezeugt, nicht geschaffen,
eines Wesens mit dem Vater;
durch ihn ist alles geschaffen.
Für uns Menschen und zu unserem Heil
ist er vom Himmel gekommen,
hat Fleisch angenommen durch den Heiligen Geist
von der Jungfrau Maria und ist Mensch geworden.
Er wurde für uns gekreuzigt unter Pontius Pilatus,
hat gelitten und ist begraben worden,
ist am dritten Tage auferstanden nach der Schrift
und aufgefahren in den Himmel.
Er sitzt zur Rechten des Vaters
und wird wiederkommen in Herrlichkeit,
zu richten die Lebenden und die Toten;
seiner Herrschaft wird kein Ende sein.
Wir glauben an den Heiligen Geist,
der Herr ist und lebendig macht,
der aus dem Vater und dem Sohn hervorgeht,
der mit dem Vater und dem Sohn angebetet und
verherrlicht wird, der gesprochen hat durch die Propheten;
und die eine, heilige, katholische und apostolische Kirche.
Wir bekennen die eine Taufe zur Vergebung der Sünden.
Wir erwarten die Auferstehung der Toten
und das Leben der kommenden Welt.

Amen

Albert Mellauner, Altarbild (Detail),
Pfarrkirche, St. Martin in Thurn

ECCE
DEI
CARO

DAS GLAUBENSBEKENNTNIS

Was unseren Glauben ausmacht

Ausgangslage

Im Laufe der Kirchengeschichte wurden in den einzelnen Ortskirchen mehrere Glaubensbekenntnisse verfasst; zwei von ihnen haben einen ganz besonderen Rang: das „Apostolische Glaubensbekenntnis“ und das „Nizäno-Konstantinopolitanische Glaubensbekenntnis“, die oft auch das „Kleine“ und das „Große“ genannt werden.

Das Apostolische Glaubensbekenntnis hat seinen Ursprung in der Taufliturgie der Stadt Rom und orientiert sich in seiner Grundgestalt am Wort des Auferstandenen im letzten Kapitel des Matthäusevangeliums (Mt 28,19). Bei der Taufe wurde den zu Taufenden die drei Fragen gestellt, an denen sich der christliche Glaube entscheidet: Glaubst du an Gott, den Vater, den Allherrscher? Glaubst du an Christus Jesus, seinen Sohn? Glaubst du an den Heiligen Geist? Darauf antwortete der Täufling jedes Mal mit „Credo“ und dann wurde er dreimal in das Wasser getaucht. Ab dem späten 4. Jahrhundert

Tür in die Johanneskapelle, Franziskanerkloster, Bozen

gibt es die Legende vom apostolischen Ursprung dieses Bekenntnisses. Damit soll gesagt werden: Es geht um den Glauben der Apostel, um die Zusammenfassung des zentralen Inhalts der Heiligen Schrift und um deren verbindende und verbindliche Auslegung.
Das Große Glaubensbekenntnis wurde auf den beiden ersten ökumenischen Konzilien von Nizäa (325) und Konstantinopel (381) verfasst und ist bis heute jenes Bekenntnis, das allen großen Kirchen des Ostens und des Westens gemeinsam ist. Darin drückt sich aus, dass trotz aller schmerzlichen Trennungen die Christenheit im Kern geeint ist. Das, was uns verbindet, ist größer als das, was uns trennt.
Die alte Kirche nennt ihr Glaubensbekenntnis „Symbolum". Dahinter steckt das griechische Wort „symballein", zusammenfallen, zusammenwerfen, zusammenlegen. Der Gegenbegriff ist „diaballein", auseinanderfallen, durcheinander bringen. Davon kommt unser Wort „diabolos", Teufel; das ist derjenige, der auseinander bringt und wirft, der die Einheit und die Zusammenschau verhindern will. Hinter der Bezeichnung „Symbolum" steht ein alter Brauch: Ein Ring oder ein kleiner Stab wurde zerbrochen und auf zwei Vertragspartner, Gastfreunde oder Boten verteilt. „Symbolum" ist also das Stück, das die Ergänzung durch das Stück eines anderen braucht. Der einzelne Mensch hat den Glauben immer nur als unvollkommenes und zerbrochenes Stück in seinen Händen. Nur im Zusammenlegen der gebrochenen Hälften, nur in der Ergänzung durch den Glauben der anderen ereignet sich Einheit: untereinander und mit Gott selber. Mit der Bezeichnung des Glaubensbekenntnisses als Symbolum soll auch gesagt werden: Christlicher Glaube ist immer auf die Glaubensgemeinschaft bezogen; er ist von seinem Wesen her immer

kirchlich. „Ein Christ ist kein Christ", war eine Grundüberzeugung der alten Kirche. Dieses Bekenntnis versteht sich als Erkennungs- und Identitätszeichen der Glaubensgemeinschaft: Es gehört nicht dem einzelnen Menschen; es ist nicht sein Eigentum; es ist ihm vorgegeben; er kann weder über den Inhalt noch über die Worte verfügen, aber er kann sich in die Worte und in den Inhalt einfügen. Etwas salopp ausgedrückt: „Man kann sich den christlichen Glauben nicht selber zusammenklauben" und „der eigene Gott oder das eigene Gottesbild sind noch nicht der Gott der Bibel".

Albert Mellauner, Hinterglasmalerei

Was ist Glaube?

Der schlesische Dichter Angelus Silesius (1624–1677) hat einmal gesagt: „Ich komme, ich weiß nicht woher. Ich bin, ich weiß nicht wer. Ich geh, ich weiß nicht wohin. Mich wundert´s, dass ich so fröhlich bin“. Hier klingen Fragen an, die so alt sind wie die Menschheit selber, und die aktuell bleiben, solange es Menschen gibt. Christinnen und Christen werden versuchen, diese Fragen so zu beantworten und mit diesem Vertrauen das Leben zu deuten und zu gestalten:

- Weil ich an Gott, den Schöpfer, glaube, der auch mich geschaffen hat, weiß ich, woher ich komme.
- Weil ich glaube, dass dieser Gott alles, und damit auch meinen Leib, meinen Geist, meine Seele, meine Persönlichkeit geschaffen hat, weiß ich, wer ich bin: Ein Mensch mit Wert und Würde, der keine Laune der Natur ist und der einen Auftrag hat in dieser Welt.
- Weil ich glaube, dass Gott mich für die Auferstehung und für das ewige Leben gewollt hat, weiß ich, wohin ich gehe.
- Der tiefste Grund für diesen Glauben und diese Hoffnung ist eine Person: Jesus Christus, der für uns, und damit auch für mich, gelebt hat, gestorben und auferstanden ist. Er ist die Begründung, warum ich glaube. „Einen anderen Grund kann niemand legen als den, der gelegt ist: Jesus Christus“ (1 Kor 3,11).

Christlich glauben bedeutet: Auch im Nichtwissen, inmitten der offenen und nicht gelösten Fragen, inmitten der Unge-

reimtheiten des Lebens und der Geschichte, der Natur und der menschlichen Psyche setzen gläubige Menschen alles auf eine Karte: auf den lebendigen Gott, der der Schöpfer ist; der als Gott Abrahams, Isaaks und Jakobs ein Gott der Geschichte ist; der als „Jahwe“ der Gott mit uns und für uns ist; der in der Menschwerdung, im Leben, im Sterben und im Ostersieg seines Sohnes sich als derjenige zeigt, der sich auf die Seite des Menschen gestellt hat – mit allen Konsequenzen und für immer. Dabei ist Glaube immer ein Weg, ein Prozess, auch ein Ringen, ein ständiger Aufbruch, ein Wagnis, ein Loslassen und eine Umkehr gegenüber der gewohnten Sicht- und Handlungsweise. Der Glaube ist keine schnelle und billige Antwort auf alle Fragen, die uns beschäftigen und oft auch plagen. Glaube ist vor allem keine bloße Theorie, sondern ein Lebensentwurf und eine ganzheitliche Lebensdeutung. Im Alten Testament wird für „glauben“ vor allem das hebräische Wort „aman“ verwendet. Davon kommt unser „Amen“, das wir als Bekräftigung und Zustimmung unserer Gebete kennen. Die Grundbedeutung von „aman“ ist „fest sein, beständig sein, sich stützen“.
„Glauben bedeutet ein Sich-fest-Machen in Gott, ein Trauen und Bauen auf ihn, ein Gründen der Existenz und ein Stand- und Bestandfinden in ihm. Der Glaube ist das im Blick auf Jesus Christus gefasste Vertrauen, dass Gott mir in jeder Lebenslage die Treue hält und Inhalt meines Lebens ist. Glauben ist ein Amen-Sagen zu Gott mit allen Konsequenzen“ (Katholischer Erwachsenenkatechismus).
Der christliche Glaube gründet sich nicht auf ein Gefühl oder auf eine Stimmung. Er ist zuerst und vor allem Zusage und

dann auch Zustimmung zu dem, was Gott getan hat. Und echter Glaube führt zur Tat, zu einem Leben aus dem Glauben, zu einer Lebenseinstellung und zu einer Lebensführung, die das Leben in all seinen Formen schätzt, annimmt, fördert und liebt. Denn ein Glaube ohne die Werke wäre tot (vgl. Jak 2,14–26).

Was glauben Christinnen und Christen?

Oft kann man die folgenden Sätze hören: „Irgendetwas wird's schon geben“. Oder: „Es ist ganz gleichgültig, an was man glaubt. Die Hauptsache es hilft“. Oder: „Wir glauben ja eh alle das Gleiche“.

Solche Behauptungen sind nicht nur falsch, sie können sogar sehr gefährlich sein. Falsche Gottesvorstellungen und Gottesbilder können sich lebensfeindlich und lebenszerstörend auswirken. Der jüdische Religionsphilosoph Martin Buber schreibt die erschütternden Worte: „Gott – das beladenste aller Menschenworte. Keines ist so besudelt, so zerfetzt worden. ... Die Geschlechter der Menschen mit ihren Religionsparteiungen haben das Wort zerrissen; sie haben dafür getötet und sind dafür gestorben; es trägt ihrer aller Fingerspur und ihrer aller Blut. ... Sie zeichnen Fratzen und schreiben 'Gott' darunter; sie morden einander und sagen 'in Gottes Namen'.“

Welchen Gott meinen also Christinnen und Christen, wenn sie das Bekenntnis wagen und aussprechen: Ich glaube an Gott?

Kruzifix,
Chorraum,
Dom, Bozen

Ich glaube an Gott, den Vater, den Allmächtigen, den Schöpfer des Himmels und der Erde ...

Woher stammt die Welt? Wie ist der Mensch auf diese Erde gekommen und wie soll er auf dieser Erde leben? Wie hat der Mensch sich in verschiedene Rassen und Hautfarben, Sprachen und Einstellungen entwickelt? Kann man all das auf Evolution oder auf Kreation zurückführen? Fragen, die in jüngster Zeit wieder eine neue Dringlichkeit bekommen haben. Unser Glaubensbekenntnis antwortet, dass Gott der Schöpfer des Himmels und der Erde, und damit von allem, ist. Es bezieht sich dabei auf die Erzählungen auf den ersten Seiten der Bibel. Dort wird das „Dass“ aber nicht das „Wie“ beschrieben. Das wird schon dadurch deutlich, dass es gleich hintereinander zwei Schöpfungserzählungen (Genesis 1 und 2) gibt, die in der Schilderung des Ablaufes der Erschaffung der Welt nicht übereinstimmen. Wichtig ist: Gott steht hinter allem. Im Bekenntnis, dass Gott alles gewollt und geschaffen hat, sind Kreation und Evolution verbunden. Er ist der Schöpfer, denn auch die Evolution läuft nach Gesetzen ab, die Gott bestimmt hat und die er auf Vollendung hin in seiner Hand hält.

Friedrich Gurschler, Friedhofsstehle (Detail), Partschins

Lebensgestaltung vom Schöpfungsglauben her

Unser Glaube an den Schöpfer zeigt sich zunächst in unserem Verhalten gegenüber der Natur. Der christliche Glaube ist ein Glaube, der diese Erde liebt. Dieser Glaube bekennt, dass die Welt, die uns umgibt, ihr Entstehen nicht einem blinden Zufall verdankt, sondern einem guten Schöpfer, der sie gewollt und für gut befunden hat. So lässt uns dieser Glaube die religiöse Dimension dieser Welt sehen und er gibt uns auch eine Grundorientierung für das menschliche Handeln gegenüber der Schöpfung.

Alle Menschen haben sich schuldig gemacht am Plan Gottes für diese Welt – und nicht selten haben Menschen ihren Raubbau gegenüber der Natur sogar zu rechtfertigen versucht mit dem Hinweis auf den Schöpfungsauftrag der Heiligen Schrift.

An den Gott, den Schöpfer von allem, glauben, heißt wieder staunen lernen vor den Wundern der Natur – und gerade wir dürfen in einem begnadeten Flecken von Gottes Schöpfung leben, der uns das Staunen wirklich nicht schwer macht. Die Schöpfung verdient Ehrfurcht und Respekt. Wenn wir Menschen leben und überleben wollen, müssen wir wieder Grenzen anerkennen und endlich wieder einsehen, dass wir nicht alles tun dürfen, was wir tun können.

Unser Glaube an den Schöpfer zeigt sich dann vor allem, wenn es um den Wert und die Würde des menschlichen Lebens geht. Von vielen Wertvorstellungen wird uns heute oft ein verzerrtes Bild vom Leben und vom Menschen gezeigt: Nur der gesunde, der attraktive, der sportliche und leistungsfähige Mensch kommt dort vor. Der Wert des Lebens und des Menschen wird nicht selten danach bemessen, was Menschen haben und können, was sie bieten, was sie aufweisen und was sie leisten.

Der christliche Glaube sieht das Leben aber zuerst als ein Geschenk und als einen Auftrag Gottes an. Das Sein ist immer wichtiger als das Tun und das Haben. Beim Propheten Jesaja gibt es ein wunderbares Bild. Da sagt Gott zum Menschen: „Ich habe dich bei deinem Namen gerufen“ (vgl. Jes 45,4). Gott kennt den Namen einer jeden und eines jeden von uns. [illegible] [illegible]kt Gott selber vom Menschen. Das menschliche Leben hat immer mit Gott zu tun.

[illegible] das Leben gilt heute in besonderer Weise dem ungeborenen menschlichen Leben, dem unsere modernen [illegible]ten nicht mehr den nötigen Schutz gewähren. Das Leben [illegible] alten oder schwerkranken Menschen muss u[illegible] bleiben wie auch das behinderte Leben. Wir tragen Verantwortung für das Leben der Menschen in der eigenen Umgebung, wie wir auch dafür verantwortlich sind, dass kommende Generationen eine Umwelt vorfinden, in der sie noch leben können. Gastfreundschaft darf sich nicht nur berechnend auf den Tourismus beschränken. Es braucht ein Gespür für all jene Menschen, die nicht nur als finanzstarke Gäste in unser Land kommen.
Wir können uns nicht der Verantwortung entziehen gegenüber all jenen, die auf unsere Hilfe angewiesen sind:

auf unsere materielle Hilfe und oft noch mehr auf unsere menschliche Anteilnahme. Unsere Einstellung zu einzelnen Menschen und zu Menschengruppen, ja oft sogar zu ganzen Völkern, beginnt immer in unseren Köpfen. Es ist nicht

gleichgültig, wie wir über andere denken und reden. Unser Denken prägt uns und unsere Sprache verrät uns immer. Es besteht ein enger Zusammenhang zwischen unserem Denken, Reden und Tun.

Robert Pan, Gate,
St. Benedikt, Gries

Zur persönlichen Reflexion

An welchen Gott glauben wir Christinnen und Christen? An den Gott, den Jesus Christus „abba“ genannt hat, liebevoll vertrauend „Vater“. Er ist kein Despot, nicht fern oder desinteressiert am Schicksal der Welt und des Menschen. Er hat aus Liebe alles ins Dasein gerufen, was es gibt; aus Freude an der Schöpfung und an jedem einzelnen Menschen. In der Bibel finden wir auch mütterliche Begriffe und Bilder, wenn von Gott die Rede ist, sodass wir ihn auch ebenso „unsere Mutter“ nennen dürfen (Johannes Paul I.). Gott als Schöpfer zu bekennen, bedeutet zu glauben, dass es gut ist, dass es mich gibt; dass Gott mich in väterlicher Liebe geschaffen hat und in mütterlicher Sorge behütet.

Welche Erfahrungen mit dem eigenen Vater und der eigenen Mutter kommen mir in den Sinn, wenn ich Gott als Vater oder Mutter anspreche? Sind es positive oder negative Erinnerungen? Waren es Momente von Geborgenheit oder des Schmerzes? Vermitteln sie mir die Zuversicht, um meiner selbst willen geliebt und angenommen zu sein? Was traue ich Gott zu, wenn ich ihn als „allmächtig“ bekenne?

Fürbitte

Gott, du hast über das Leben eines jeden Menschen dein „JA“ ausgerufen: Erfülle uns mit Dankbarkeit für unser Leben und lass uns deine liebende und fürsorgende Gegenwart erfahren.

Gebets-
anregung

der schöpfer

das sieht dir wohl ähnlich
was du alles geschaffen hast
und so erfinderisch
kann nur die liebe sein

du hattest es nicht nötig
aus dir etwas zu machen
dich gar zu verewigen
in einem meisterwerk

schaffen wolltest du
aus lauter lust an licht und leben
denn du bist kreative kraft
mit himmlischen ideen

in allem was geschaffen
bleibt immer auch des künstlers spur
so ist das angesicht der liebenden
dir wie aus dem gesicht geschnitten

aus: Andreas Knapp, Tiefer als das Meer.
Gedichte zum Glauben © Echter Verlag Würzburg
3. Auflage 2009, S. 13

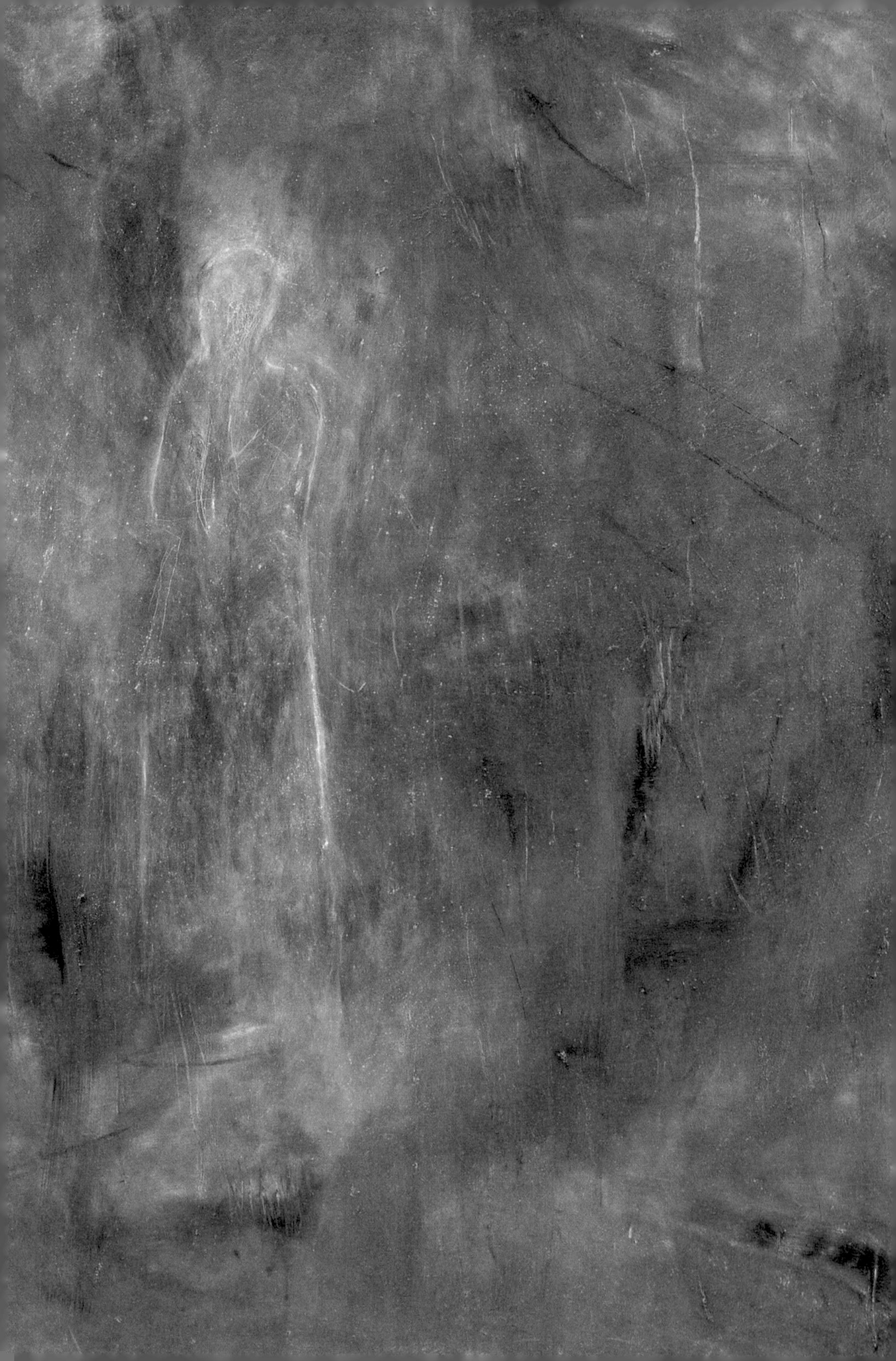

... und an Jesus Christus, seinen eingeborenen Sohn, unseren Herrn ...

Das Ureigenste des christlichen Glaubens, das Unterscheidend–Christliche besteht darin, Jesus von Nazareth als den Christus zu bekennen. In der Verbindung des Namens „Jesus" mit dem Bekenntnis „Christus" zum Eigennamen „Jesus Christus" zeigt sich der tiefste Kern jenes Verstehens, das der Glaube hinsichtlich der Gestalt Jesu von Nazareth vollzogen hat. Das christliche Bekenntnis besteht also darin, dass ein bestimmter geschichtlicher Mensch mit seiner historisch einmaligen Lebensgeschichte eine endgültige, eschatologische und universale Bedeutung hat für unsere Gottesbeziehung und für das Heil der gesamten Menschheitsgeschichte. An dieser Person entscheidet sich die Beziehung zu Gott, zu den Menschen, zu gesellschaftlichen Fragen und Entwicklungen und zur Schöpfung.

Das Bekenntnis zu Jesus von Nazareth als dem Christus ist also einerseits auf eine provozierende Weise konkret und andererseits auf eine unüberbietbare Weise universal. Jesus Christus ist deshalb der einzige Mittler zwischen Gott und

Thaddäus Salcher, Tiefes Schweigen (Detail)

uns Menschen, auch für diejenigen, die ihn nicht oder noch nicht ausdrücklich als den menschgewordenen, gekreuzigten und auferstandenen Erlöser erkennen und anerkennen. Dabei ist das Heil in Christus größer und weiter als die institutionellen Grenzen der Kirche. Dieses Bekenntnis begründet sowohl die Bestimmtheit, Unverwechselbarkeit und Unterschiedenheit des christlichen Glaubens wie auch seine universale Offenheit und weltweite Verantwortung.

Christlicher Glaube ist nicht zu gewinnen aus abstrakten Grundsätzen, Begriffen, Prinzipien und Ideen; er ist das Bekenntnis zu einer ganz bestimmten, unverwechselbaren und unauswechselbaren Person mit einem ganz bestimmten Namen. Das christliche Bekenntnis wird ortlos, gesichtslos und bedeutungslos, wenn es losgelöst wird von der Person, auf die es gründet: Jesus von Nazareth, der Christus.

Christlicher Glaube ist deshalb nicht zuerst eine Summe von Lehren und Geboten, von Strukturen und Institutionen. Das alles ist an seiner Stelle auch von Bedeutung, aber immer von relativer Bedeutung (in der ursprünglichen Bedeutung des Wortes relativ: bezogen auf). Christlicher Glaube ist JESUS CHRISTUS und lebendige Gemeinschaft mit ihm.

Lois Anvidalfarei,
Tabernakel (Detail),
Pfarrkirche Maria
in der Au, Bozen

Ursula
Huber,
Glasfenster
(Detail),
Pfarrkirche
Maria in der Au,
Bozen

Zur persönlichen Reflexion

Gott, der Beziehung ist, gibt seiner Botschaft, seinem Wort an uns Menschen einen Namen: Jesus Christus. In seinem Sohn wird die Botschaft konkret und real. Was bedeutet es für uns Christinnen und Christen in der Person Jesu Christi ein Gegenüber zu haben, der -Gott gleich und dem Menschen gleich- um das Leben und den Alltag der Menschen weiß? Der jüdische Religionsphilosoph Martin Buber bringt es mit dem einfachen Satz auf den Punkt: „Der Mensch wird am DU zum ICH." Gott-Vater schenkt uns in Jesus ein solches DU, ein Gegenüber, einen Kontakt. Gleichsam sind es wir Menschen, die durch die Begegnung mit ihm zum ICH werden können. So ist Gott nicht nur ein namensloser Gott, oder eine besondere Macht jenseits dieser Welt, sondern er greift durch seinen Sohn konkret in unsere Geschichte ein. Durch Jesus Christus, mit ihm und in ihm, lässt uns Gott Anteil nehmen an der Gottesbeziehung, schenkt er uns seine Gegenwart und seine Freundschaft. An uns Menschen liegt es, diesem Geschenk unsere Antwort zu geben, mit dem Glaubensbekenntnis: TU ES CHRISTUS – DU BIST CHRISTUS!

Was bedeutet es für mein Leben und für meinen Glauben, dass Gott seinen Sohn in die Welt gesandt hat? Bin ich bereit, mit diesem DU in Beziehung zu treten und ihm meine ganz persönliche Glaubensantwort zu geben?

Fürbitte

Gott, durch deinen geliebten Sohn hast du dich geoffenbart und uns erlöst: Hilf uns, damit wir stets bereit sind, uns auf dein Wort einzulassen.

**Gebets-
anregung**

Du!

Wo niemand noch hinkam,
wartest Du immer schon.
Was niemand wahrnahm,
sahst Du immer schon.

Du trägst,
wo Besitz und Freiheit
zerbrechen.
Du hast ein Wort in der Stille,
wo die Weisen verstummen.
Du neigst Dich dem noch zu,
von dem alles sich abkehrt.
Du!

Du allein genügst
für ein volles Du
bei Tag und Nacht,
in Schwermut und Freude,
in und außer der Kirche.
Du stilles Gegenüber!
Du!

Wir können Tag für Tag
Hoffnung und Enttäuschung
vor Dir aufschichten.
Du bist nicht überfordert.
Du brichst nicht zusammen
durch bittere Stunden,
durch allzuviel Geben.

Seit Jahrmillionen
bist Du angesprochen,
angeschrien, angefleht, angeweint,
se[illegible] Mill[illegible]onen Jahren
[illegible]t D[illegible] das stille Gegenüber,
[illegible], d[illegible]s *wirkt*,
[illegible] ge[illegible]eh[illegible] zu werden.

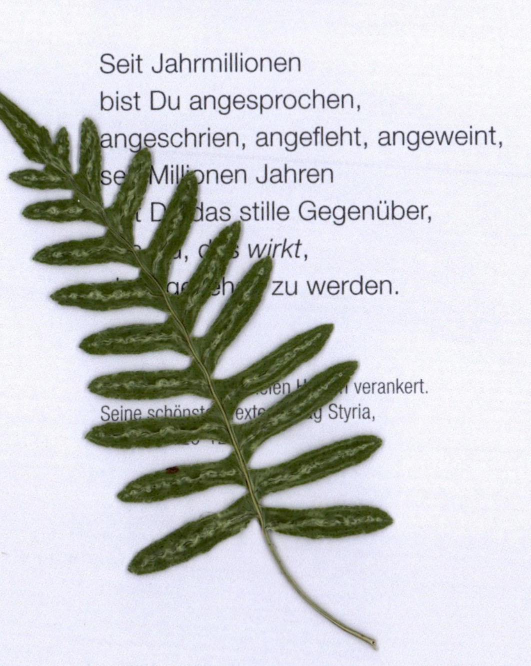

[illegible]eien H[illegible]n verankert.
Seine schönst[illegible]exte[illegible]g Styria,
[illegible]

... empfangen durch den Heiligen Geist, geboren von der Jungfrau Maria ...

Unser Glaube wagt zu bekennen: Jesus Christus ist empfangen und geboren von der Jungfrau Maria. Dieses Bekenntnis bezeugt uns unseren Gott, der seine Schöpfung nicht aus den Händen gegeben hat. Hier beginnt Gott selber neu. Der Ursprung unseres Heils, JESUS CHRISTUS, kommt allein von Gott. Die Jungfrauengeburt ist ein leibhaftiges Zeichen für den Primat Gottes und für die menschliche Unfähigkeit, sich selbst das Heil geben zu können. Gott setzt in Jesus Christus einen neuen Anfang durch die neu schaffende Kraft seines Geistes. Jesus als Sohn Gottes verdankt sich einzig und allein seinem Vater; alles, was er ist, hat er von Gott her und auf Gott hin.
Gott wird Mensch in und aus Maria, der Jungfrau. Deswegen gehört Maria ins Evangelium und in das christliche Glaubensbekenntnis als Garantin der Menschwerdung Jesu hinein. Ohne Maria hätten wir Jesus nicht! Treffend sagt einmal Hans Urs von Balthasar: „Weil wir von Christus reden müssen, dürfen wir über Maria nicht schweigen." An Maria wird deutlich: Die Menschwerdung Gottes ereignet sich nur

Geburt Christi (Detail), Kreuzgang, Brixen

im Dialog, im Zusammenspiel von Gott und Mensch. Gott denkt so groß vom Menschen, dass er die Freiheit des Menschen sucht und braucht. Das Wort wartet immer auf unsere Antwort. Im Glaubensbekenntnis begegnen uns ganz bewusst neben den drei göttlichen Personen nur noch die Namen Maria und Pontius Pilatus. Sie rahmen gleichsam das irdische Leben Jesu ein; sie stehen für die Geschichtlichkeit der Person Jesu. Die vier großen Glaubensaussagen der

Thaddäus Salcher,
Maria, Kolpinghaus, Meran

Kirche über Maria machen den christlichen Glauben anschaulich und konkret: vom Lebensanfang her bis zur Vollendung in Gott. Die „ohne Erbsünde Empfangene" zeigt die Wurzel, aus der menschliches Leben heil und gut wird. Die „Jungfrau" und „Gottesmutter" ist die persongewordene Antwort auf die Berufung durch Gott. Die „mit Leib und Seele in den Himmel Aufgenommene" zeigt uns das Ziel, für das wir geschaffen sind.

Zur persönlichen Reflexion

Manches Mal wird uns Christinnen und Christen vorgeworfen, unser Glaube sei unerhört und anmaßend. Dieser Vorwurf zielt nicht darauf, dass wir an Gott glauben, sondern stößt sich daran, dass sich Gott so direkt und konkret in die Geschichte der Welt und in die Geschicke des Menschen eingelassen hat, wie es durch die Menschwerdung Christi geschehen ist. „Das Wort ist Fleisch geworden und hat unter uns gewohnt“ (Joh 1,14). Das war nicht nur ein einmaliges Ereignis in fernen Zeiten, sondern es geschieht auch heute und in unserem Leben. Wie Maria dürfen auch wir schwanger gehen mit dem Wort Gottes. Wie sie Jesus unter ihrem Herzen getragen hat, um ihn zur Welt zu bringen, so tragen auch wir ihn in uns, um ihm Raum zu geben in unserem Leben und ihn der Welt heute zu schenken.

In welchen Ereignissen und durch welche Menschen vernehme ich die Stimme Gottes? Höre und lese ich das Wort Gottes in der Heiligen Schrift, um damit „schwanger zu gehen“? Was bedeutet für mich der Glaube, dass Jesus mit mir lebt, sich mit mir freut, mit mir weint, mit mir leidet und stirbt – damit ich mit ihm und durch ihn lebe?

Fürbitte

Gott, du hast uns deinen Sohn geschenkt, der dir lieb und teuer ist: Schenke uns ein offenes Herz, dass wir diese kostbare Gabe freudig annehmen und durch unser Zeugnis der Liebe den Mitmenschen weiterschenken.

....

**Gebets-
anregung**

Gott hat sein letztes,
sein tiefstes,
sein schönstes Wort
im fleischgewordenen Wort
in die Welt hineingesagt,
ein Wort,
das nicht mehr rückgängig
gemacht werden kann,
weil es Gottes endgültige Tat,
weil es Gott selbst in der Welt ist.
Und dieses Wort heißt:
Ich liebe dich,
du Welt und du Mensch.

XII. STATION: JESUS STIRBT AM KREUZ

... gelitten unter Pontius Pilatus, gekreuzigt, gestorben und begraben, hinabgestiegen in das Reich des Todes, am dritten Tag auferstanden von den Toten ...

Die Herzmitte des christlichen Glaubensbekenntnisses

Gekreuzigt

Der Kreuzestod galt in der antiken Welt als die grausamste und entwürdigendste Todesstrafe, die nur Sklaven und nichtrömische Schwerverbrecher treffen konnte. Einige Jahrzehnte vor dem Kreuzestod Jesu schrieb ein römischer Schriftsteller: „Das bloße Wort ‚Kreuz' soll ferne bleiben vom Leib eines römischen Bürgers, von seinen Gedanken, seinen Augen und Ohren. Denn das Kreuz ist eines römischen Bürgers und freien Mannes zutiefst unwürdig".

Hier erfüllt sich das Wort des Apostels Paulus an die junge Christengemeinde in Korinth: Die Botschaft vom Kreuz ist „für Juden ein empörendes Ärgernis, für Heiden eine Torheit" (1 Kor 1,23).

In eine solche Welt hinein, die so denkt und handelt, trifft nun die Deutung des Kreuzestodes Jesu durch den christlichen Glauben. Im Licht der Erfahrung von Ostern wagt dieser

Annemarie Laner,
Kreuzweg,
XII. Station,
Seniorenheim,
Olang

Glaube zu verkünden: Dieser Tod ist nicht sinnlos. Gerade dieser entwürdigende und grausame Verbrechertod zeigt vielmehr die letzte Konsequenz des Lebens Jesu. Er war der Mensch für die anderen und er starb für die anderen. Dieser Tod will sogar deutlich machen, wer Gott ist: Er ist einer, der sich den Menschen ausliefert, der mit ihnen und für sie leidet; er ist ein Gott, der bis zum Äußersten geht, um den Menschen zu gewinnen. Weiter konnte selbst Gott nicht mehr gehen, um uns für seine „törichte und verschwenderische Liebe“ zu gewinnen.

Gottes „Mit-uns-Sein“ und Gottes „Für-uns-Sein“ erreicht im Tod Jesu am Kreuz seinen höchsten Ausdruck. Jesus hat in seinem ganzen Leben die bedingungslose Liebe Gottes zum Menschen verkündet und gelebt – und diese Liebe geht bis zum Äußersten. Der Tod Jesu am Kreuz darf nicht Gott zugeschrieben werden; das Kreuz Jesu war die Tat der Menschen, die sich gegen Gott verschließen und auflehnen. Es war aber Gottes Wille, dass Jesus auch noch diese Grausamkeit und diese Ablehnung, die ihm von Menschen entgegenschlugen, zum größten Zeichen der Liebe Gottes gemacht hat.
Noch in der Ablehnung bleibt Jesus der „Gott mit uns“. Gott nimmt seine Grundentscheidung für den Menschen nie mehr zurück. Das Nein der Menschen zu Gott, das im Kreuz Jesu gipfelt, wendet Gott zu seinem bleibenden Ja zum Menschen. Und deswegen erkennen Christinnen und Christen gerade im Sterben Jesu am Kreuz die größte Solidarität Gottes mit dem Menschen: „Denn Gott hat die Welt so sehr geliebt, dass er seinen einzigen Sohn hingab“ (Joh 3,16). In dieser bedingungslosen Liebe geschieht von Gott her Sühne

und Versöhnung. Nicht Gott braucht die Sühne, der Mensch braucht sie. Gott verlangt zur Befriedigung seines Zornes nicht den Sühnetod seines Sohnes. Er macht aber aus Liebe, die unser Verstehen übersteigt, aus der grausamen Tat der Menschen seine Tat für die Menschen. Das ist Gottes Art, um das wieder gut zu machen, was die Sünde anrichtet; so wird der Tod Jesu zur vergebenden Tat Gottes, zum Zeichen universaler Sühne, zur großen Hoffnung, dass alle Menschen gerettet werden.

Karl Grasser, Entwurfszeichnung für Kreuzwegstationen, St. Ägidius (Kortsch)

Begraben und hinabgestiegen in das Reich des Todes

Wenn wir mit dem Glauben der Kirche bekennen, dass Jesus hinabgestiegen ist in das Reich des Todes, dann heißt das nicht nur, dass er in unser allgemein menschliches Todesschicksal eingegangen ist, sondern dass er auch eingegangen ist in die ganze Verlassenheit und Einsamkeit des Todes; er hat die Erfahrung der Sinnlosigkeit, der Nacht und in diesem Sinn die Hölle des Menschseins auf sich genommen.

Im „Begraben-werden-für-uns" geht es um die letzte und äußerste Konsequenz der Menschwerdung Gottes: Jesus geht ein in das Widergöttliche, in die Hölle des Menschseins und gerade dort ereignet sich der Sieg Gottes über den Tod und die Mächte der Finsternis. Nicht zufällig sieht die Ostkirche in diesem Abstieg in die Unterwelt das zentrale Osterereignis. Der Tod Jesu bewirkt den Tod des Todes. Nach diesem Abstieg Jesu stehen Leben und Tod sich nicht mehr gleichberechtigt gegenüber. Himmel und Hölle, Gnade und Sünde sind für den Menschen nicht mehr zwei gleichrangige Möglichkeiten. Deswegen kann Paulus die österliche Überzeugung aussprechen: „Wo die Sünde mächtig wurde, da ist die Gnade übergroß geworden" (Röm 5,20).

In der Osternacht, der wichtigsten und größten Feier des ganzen Kirchenjahres, wagen wir sogar zu singen: „O unfassbare Liebe des Vaters: Um den Knecht zu erlösen, gabst du den Sohn dahin! O wahrhaft heilbringende Sünde des Adam, du wurdest uns zum Segen, da Christi Tod dich vernichtet hat. O glückliche Schuld, welch großen Erlöser hast du gefunden." Durch Jesus sind auch die längst verstorbenen Generationen erlöst. Sein Abstieg in die Hölle, wie es früher treffend und markant im Glaubensbekenntnis geheißen hat, gilt allen Leiden und Opfern der Geschichte. Unser Gott ist nicht ein Gott der Täter, sondern der Opfer. Unser Gott ist selber Opfer geworden.

Joseph Ratzinger schreibt in seinem Buch „Einführung in das Christentum": „Wo uns keine Stimme mehr erreichen kann, da ist Er. Damit ist die Hölle überwunden, oder genauer: Der Tod, der vordem die Hölle war, ist es nicht mehr. Beides ist nicht mehr das gleiche, weil mitten im Tod Leben ist, weil die Liebe mitten in ihm wohnt. Nur noch die gewollte Selbstverschließung ist jetzt Hölle, oder, wie die Bibel sagt, zweiter Tod. Das Sterben ist kein Weg in die Einsamkeit mehr, die Pforten der Scheol (*Unterwelt*) sind geöffnet."

Karl Plattner, Pietà
Maria Schnee in Alsack (Planeil)

Auferstanden von den Toten

Am Beginn des christlichen Glaubens steht eine überwältigende Erfahrung, die einige Menschen machen durften: Der, den man zu einem fürchterlichen Tod verurteilt hatte, der, dessen Leichnam hinter einem großen Steinblock bestattet wurde, der, dessen Grab man sogar bewachen ließ – er lebt. Der Gekreuzigte lebt!

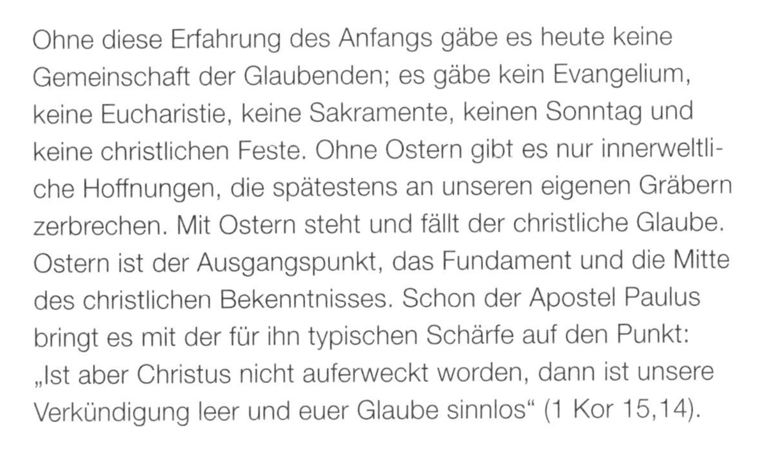

Ohne diese Erfahrung des Anfangs gäbe es heute keine Gemeinschaft der Glaubenden; es gäbe kein Evangelium, keine Eucharistie, keine Sakramente, keinen Sonntag und keine christlichen Feste. Ohne Ostern gibt es nur innerweltliche Hoffnungen, die spätestens an unseren eigenen Gräbern zerbrechen. Mit Ostern steht und fällt der christliche Glaube. Ostern ist der Ausgangspunkt, das Fundament und die Mitte des christlichen Bekenntnisses. Schon der Apostel Paulus bringt es mit der für ihn typischen Schärfe auf den Punkt: „Ist aber Christus nicht auferweckt worden, dann ist unsere Verkündigung leer und euer Glaube sinnlos" (1 Kor 15,14).

Der Osterglaube deutet nichts weg von der Härte des Lebens, vom Schmerz des Leidens und Sterbens, von den Grausamkeiten, zu denen Menschen fähig sind. Ostern ist keine triumphalistische Flucht vor der Wirklichkeit unseres Lebens. Nichts wird verharmlost: Denn es ist der Gekreuzigte, der lebt! Der Auferstandene trägt die Wunden seines Leidens. Die Auferstehung und das Kreuz, das Kreuz und die Auferstehung sind das eine große Geheimnis unseres

Glaubens. Mit starken Worten sagt ein griechisch-orthodoxer Theologe: „Karfreitag ohne Ostern ist die Hölle; Ostern ohne Karfreitag ist eine Gotteslästerung." Denn wir Christinnen und Christen glauben nicht an einen Gott, der sich in Jesus von Nazareth am Kreuz vorbei, sondern gerade am Kreuz und durch das Kreuz hindurch als der Sieger und der Herr des Lebens und der Geschichte gezeigt hat.

Ostern nimmt unserem Leben nicht die Erfahrung des Kreuzes und des Grabes, wohl aber den Fall ins Bodenlose, die Resignation des „Alles umsonst" und „Alles vergeblich". Gott ist ein Gott der Lebenden und nicht der Toten. Er hat im Tod und in der Auferweckung seines Sohnes gezeigt, dass er auch dort noch nicht am Ende ist, wo wir Menschen am Ende sind. Seit Ostern haben die Tränen, die Trauer, die Gewalt, das Unrecht, das Kreuz und das Grab, so bedrückend sie noch sein können, nicht mehr das letzte Wort. Vor IHM gibt es nur Lebendige: wir, die Lebenden, und unsere Verstorbenen, die uns den alles entscheidenden Schritt ins Leben bereits voraus haben.

Meister Leonhard von Brixen, Auferstehung, Kreuzgang, Brixen

Zur persönlichen Reflexion

Der Mensch wird im Laufe seines Lebens mit verschiedenem Leid konfrontiert: Beziehungen scheitern, Freundschaften zerbrechen, Begegnungen wollen nicht gelingen, mancherorts herrscht Streit, Krieg und Gewalt. Viele dieser Lebenssituationen empfindet der Mensch so, als würde er eine schwere Last, ein Kreuz tragen. Unter vielen dieser Situationen meint der Mensch zu zerbrechen. So erfüllen ihn der Tod eines Kindes, der Eltern oder Freunde mit schier grenzenloser Trauer und Ohnmacht. Nachrichten über Armut, Not und Ungerechtigkeit lösen ein Gefühl der Hilflosigkeit und Leere aus. Wie tröstlich der Gedanke, dass Jesus diese einschneidenden Momente des Menschen bereits durchlebt hat! Er weiß um Schmerz und Leid, um Scham und Verspottung, um Ausgeliefertsein und Misshandeltwerden, um Einsamkeit und Verlassenheit. Keine Qual ist ihm fremd.

Doch wie konnte Gott zulassen, dass sein Sohn leiden musste? Gottes Liebe zu uns Menschen gipfelt im Leiden und Sterben seines Sohnes Jesus Christus. Durch ihn zeigt er dem Menschen, dass er in keiner Situation des Lebens, mag sie auch noch so hoffnungslos erscheinen, allein gelassen ist. Selbst im Begraben werden und in der Stille des Karsamstags bleibt Gottes Liebe nicht stehen, er schenkt die Gewissheit, dass der Mensch von ihm gehalten und getragen ist. In der Auferstehung Jesu findet dieser Zuspruch seinen Höhepunkt. Am Ende stehen nicht Leid noch Schmerz, noch der Tod. Am Ende steht das Leben!

„Es gibt keine größere Liebe, als wenn einer sein Leben für seine Freunde hingibt“ (Joh 15,13). Was bedeutet dieser Bibelvers im Hinblick auf Jesu Liebe zu den Menschen? Kann ich aus der Frohen Botschaft Hoffnung und Zuversicht für manchen schweren Alltag finden? Was heißt es für mich zu wissen, dass Gott sich ganz und gar auf das Leben einlässt und um unsere Freuden und Ängste weiß?

Fürbitte

Gott, du bist uns nahe, schenkst die Auferstehung und das wahre Leben: Hilf uns, dass wir aus dieser Zuversicht leben und Hoffnung geben jenen Menschen, die trauern, leiden und verzweifelt sind.

Gotthard Bonell, Kreuzigung,
Pastoralzentrum, Bozen

Bekenntnisfragen

glauben Sie
so wurde ich gefragt
an den lebendigen Gott
und ich antwortete
ich lebe davon
dass Gott an mich glaubt

und was halten Sie
von Jesus Christus
und ich antwortete
ich baue darauf
dass er mich hält

und was denken Sie
vom Heiligen Geist
und ich antwortete
dass er uns beide tief verbindet
mehr als wir uns denken können

aus: Andreas Knapp, Tiefer als das Meer.
Gedichte zum Glauben © Echter Verlag Würzburg,
3. Auflage 2009, S. 68

... aufgefahren in den Himmel; er sitzt zur Rechten Gottes des Vaters ...

„Himmelfahrt" meint: Gott selber hat die Person, die menschliche Geschichte und das menschliche Schicksal Jesu beglaubigt und bestätigt. Dieser Jesus, der menschliches Leben angenommen hat und mit uns geteilt hat bis in den Abgrund menschlichen Leidens und menschlichen Sterbens hinein, ist der Kyrios, der Herr der Geschichte, der Herr über Lebende und Tote. Sein wahres Menschsein hat er nicht abgestreift und abgelegt, es ist für immer hinein genommen in Gott. Das Menschsein hat für immer Platz in Gott. (Karl Rahner)

Im Tagesgebet von Christi Himmelfahrt heißt es: „Allmächtiger Gott, in der Himmelfahrt deines Sohnes hast du den Menschen erhöht." Im Gabengebet bitten wir um die Gnade, „dass wir uns über das Irdische erheben und suchen, was droben ist". Im Schlussgebet steht die Bitte: „Lenke unser Sinnen und Verlangen zum Himmel, wo Christus als Erster der Menschen bei dir ist." Der Blick auf den erhöhten Herrn

Gotthard Bonell,
Auferstehung,
Seniorenheim,
Tscherms

will uns in der Hoffnung bestärken: Wir sind nicht einfach in diese Welt geworfen und zu diesem Leben verurteilt. Über unserem Leben steht kein blindes Schicksal und unsere Zukunft steht nicht in den Sternen. Der Zug unseres Lebens fährt nicht auf ein dunkles Nirgendwo zu. Wir sind geschaffen

Thaddäus Salcher,
Jesus, Friedensweg, Kaltern

für den Himmel. Unser Leben hat Ewigkeitswert. Johannes Bosco, der begnadete Erzieher, sagte einmal: „Mit den Füßen auf der Erde und mit dem Herzen im Himmel." Und Blaise Pascal: „Die Sehnsucht des Menschen ist so groß, dass sie nur mit Gott gefüllt werden kann."

Zur persönlichen Reflexion

„Wir sind nur Gast auf Erden", singen wir in einem bekannten Kirchenlied. Der Himmel ist das Ziel unseres Lebens, er ist unsere bleibende Heimat. Der Glaube an die Himmelfahrt Jesu ist kein geographischer Verweis nach oben, sondern er bedeutet, dass in der endgültigen Gemeinschaft mit Gott, dem Schöpfer, das Leben zur Fülle gelangt. Gott ist nicht nur Ursprung, sondern auch die Vollendung des Lebens. Er selbst ist der ‚Himmel'. Auch das Heilsgeheimnis Christi – seine Menschwerdung, sein Leben, das geprägt war durch die Verkündung des Evangeliums in Wort und Tat, sein Tod am Kreuz und seine Auferstehung – mündet in die ewige Gemeinschaft mit Gott und findet bei ihm seine Erfüllung. Am Ostermorgen begegnet Maria von Magdala dem Auferstandenen, der zu ihr sagt: „Halte mich nicht fest, denn ich bin noch nicht zum Vater hinaufgegangen" (Joh 20,17).

Was bedeutet für mich „Himmel"? Erhoffe ich die Erfüllung meines Lebens in der Gemeinschaft mit dem Auferstandenen, der verheißen hat, uns bei Gott eine ewige Wohnung zu bereiten (vgl. Joh 14,2)?

Fürbitte

Gott, du bist der Ursprung und die Vollendung des Lebens: Gib, dass inmitten der Unruhen und Mühen des Lebens unsere Herzen in dir verankert bleiben.

....
Gebets-
anregung

Vollendung in Gott

Manchmal kam mir im Leben
der Gedanke,
wie es wohl in der Todesstunde
sein werde,
wenn jede Täuschung aufhört.
Ob einem dann noch alles
zusammenbrechen wird,
ob alles als Schein
vor mir stehen wird ...?
Jetzt aber sehe ich,
dass alles echt ist,
dass alles Wahrheit ist!

Selige Hildegard Burjan
(an ihrem Sterbetag)

dn̄s iudicabit
fines ter

... von dort wird er kommen, zu richten die Lebenden und die Toten.

Der Glaube an die Wiederkunft Christi und die Rede von den „Letzten Dingen" führen in der heutigen Theologie und Verkündigung eher ein Schattendasein. Unsere Zeit hat das Diesseits entdeckt. Aber christliche Diesseitsbejahung und Diesseitsgestaltung gibt es nur in der Perspektive der großen Hoffnung, dass der Herr als Heiland und Richter kommt.

Ganz im Sinn des Neuen Testamentes geht es in diesem Glaubensartikel nicht um das Wann, Wo und Wie der Wiederkunft Christi. Es geht nicht um neugierige, phantastische und manchmal auch unverantwortliche Spekulationen, sondern um die christliche Existenz, um die Entscheidung im Hier und Jetzt und Heute angesichts einer endgültigen Zukunft.

Dieses Bekenntnis zum endzeitlichen Gericht Gottes durch Christus ist eine Absage an innerweltliche Fortschritts- und Harmonieträume. Und gerade diese Absage beinhaltet eine lebensfördernde und befreiende Entlastung: Wir können und

Pacher-Werkstatt, Weltgericht, Friedhofskapelle, Gais

brauchen diese Welt nicht zu erlösen! Das letzte Wort haben nicht wir, sondern dieser Richter. Das bewahrt vor Resignation und auch vor Fanatismus.

Der Glaube an das Gericht besagt auch, dass am Ende nicht alles glatt aufgeht. Am Ende steht die endgültige Scheidung des Guten vom Bösen. Das macht den Ernst der Entscheidung im Heute aus. Es ist nicht gleichgültig, wie Menschen leben, wie sie sich entscheiden und wie sie mit der anvertrauten Zeit umgehen. Menschliches Leben muss sich verantworten vor dem Gericht Gottes. Aber dieses Richten und Rechtsprechen steht Gott zu und nicht uns Menschen. Dieses Bekenntnis ist weit entfernt von einer Jenseitsvertröstung.

Der Glaube an die Wiederkunft Christi und an sein Gericht will eine große Hoffnung verkünden. Es gehört zum menschlichen Leben dazu, offene Fragen zuzulassen und auszuhalten. Warum gibt es das Böse, das Leid? Warum können Menschen so böse sein und sich so schreckliches Leid zufügen? Warum ist die Schöpfung so unvollkommen? Warum lässt Gott so vieles zu? Mit diesen Fragen stoßen wir auf Gott, der Geheimnis ist und bleibt und der auch immer anders und größer ist als wir denken und glauben können. „Was wir erfassen können, ist nicht Gott", sagte der große Theologe Thomas von Aquin. Glaubende Menschen aber wagen zu bekennen: Er ist der Richter, er wird das Böse überwinden und alles Unvollendete vollkommen machen. Er behält den Durchblick und den Überblick.

Martin Rainer, Auferstehung,
Grabkreuz (Detail), Friedhof Karthaus

Zur persönlichen Reflexion

Die Fähigkeit des Wartens ist den Menschen in der heutigen Zeit eher abhanden gekommen. Die Technik ermöglicht es, Termine genau abzustimmen und festzulegen. Automatische Erinnerungen auf Computern und Handys helfen dem modernen Menschen, Sitzungen, Geburtstage und Jahrestage nicht zu vergessen. Jesus aber sagt uns nicht, wann er kommen wird. Er gibt uns nur die Gewissheit, dass er es tun wird. Er allein weiß, wann das sein wird, und der Mensch kann es auch nicht herbeiführen. Für die Menschen handelt es sich also um eine Zeit des Advents, eine Zeit des Wartens, der Erwartung auf die Wiederkunft Jesu Christi.
Wie wird sie sein, diese Wiederkunft?

Eines ist sicher, es ist nicht irgendeine Zukunft, etwas Unbestimmtes, nicht Erkennbares. Die verheißene Zukunft hat ein Gesicht: Das Gesicht Jesus. Doch wie wird es sein, wenn er richtet? Geht es vielleicht um Verurteilung und Vernichtung? Muss der Mensch sich ängstigen und fürchten? Im Psalm 145,8-9 finden wir eine Antwort auf diese Fragen: „Der Herr ist gnädig und barmherzig, langmütig und reich an Gnade. Der Herr ist gütig zu allen, sein Erbarmen waltet über all seinen Werken."

Wenn er kommt, dann bringt er das Heil den Menschen, er richtet die Dinge wieder auf, bringt sie wieder ins Lot. Er macht das Krumme gerade, heilt das Zerbrochene, stellt die Ordnung wieder her. Er trocknet die Tränen und wird das Böse überwinden. Im Angesicht dieser Liebe und Gerechtigkeit geschieht Läuterung im Herzen des Menschen, der er kennen wird, wie sehr er hinter den Möglichkeiten zu lieben, zu vergeben, … zurückgeblieben ist. Bereits im irdischen Leben sind die Gläubigen somit aufgerufen, ihre ganz alltäglichen Entscheidungen in der Begegnung mit den Mitmenschen auf den Bibelvers hin zu prüfen: „Was ihr für einen meiner geringsten Brüder getan habt, das habt ihr mir getan" (Mt 25,40).

Welche Gedanken bewegen mich, wenn ich bete: Von dort wird er kommen, zu richten die Lebenden und die Toten? Welche Hoffnung erfüllt mich im Gedanken an das Gericht, wenn Jesus aufrichtet, Unvollkommenes ganz macht, Leben und Heil schenkt?

Fürbitte

Gott, du bist in deiner Liebe gerecht und barmherzig:
Hilf uns, wenn es im Alltag darum geht, im Kleinen wie im Großen verantwortungsvoll Entscheidungen zu treffen, für den Glauben, für das Leben und die Bewahrung der Schöpfung.

Annemarie Laner,
Totenkapelle,
Seniorenheim,
Olang

....
Gebets-
anregung

Wenn Er einst wiederkommt

Wenn die Uhren ihre Zeiger verlieren
und anhebt die ewige Zeit,
wenn die Stummen singen
und die Gelähmten springen,
wenn die Blinden an dem Licht
sich nicht sattsehen können
und die Friedlosen
ihre Heimat finden,
wenn die Tyrannen große Augen machen
und die Scheinheiligen nach
Werken der Liebe gefragt werden,
wenn die Ungerechten ihre Opfer
um ihre Fürsprache bitten,
wenn die Letzten die Ersten sein werden,
dann lass auch mich dabei sein!

aus: Martin Gutl, In vielen Herzen verankert.
Seine schönsten Texte, Verlag Styria,
1996, S. 184

Ich glaube an den Heiligen Geist ...

Den Glauben an den einen und einzigen Gott, der alles geschaffen hat, teilt der christliche Glaube mit dem Judentum und mit dem Islam. Aber Christinnen und Christen wagen, ermutigt durch die Botschaft Jesu und durch die Erfahrung von Ostern, einen großen Schritt weiter in das Geheimnis Gottes hinein. Sie bekennen: Gott ist eins, aber nicht einsam. Er ist kein starres Ego, sondern ewige Liebe, Austausch, Kommunikation, Gemeinschaft. Gott ist in sich selber Beziehung: hervorbringende Liebe als „Vater", empfangende Liebe als „Sohn" und sich austauschende Liebe als „Heiliger Geist". Ein einziger Gott in drei Personen – nicht drei Wesen!

Eine Fülle biblischer Bilder will erahnen lassen, wer der Hl. Geist ist: Wind, Sturm, Flamme, lebendiges Wasser, Taube. Der Geist weht, treibt an, erweitert, schafft neu, gestaltet um, inspiriert. Die Schrift liefert uns Bilder, die ihn als Durchdringen, Verinnerlichen, Einwohnen darstellen. Dazu gehören die Bilder der Salbung, des Öls, des Tempels. Dieser Geist ist

Flügeltafel,
Pfingsten (Detail),
Diözesanmuseum,
Brixen

vor allem in Jesus Christus wirksam: in seiner Empfängnis, in seiner Taufe, in seinem Leben und in seiner Verkündigung, in seinem Tod und in seiner Auferweckung. Dieser Geist wirkt, um Jesus Christus immer wieder neu gegenwärtig zu machen. Christsein bedeutet, aus diesem Geist das Leben deuten, annehmen, bewältigen und gestalten. Für den Apostel Paulus und die Glaubenserfahrung der frühen Kirche ist der Geist die wirksame Gegenwart des auferstandenen Christus in der Kirche und in der Welt. Aus dieser Sicht hat der hl. Augustinus den Hl. Geist als die „Seele der Kirche" bezeichnet. Gott will den Menschen von innen her ergreifen. Es geht um Beziehung und Freundschaft. Die Kirche darf sich deswegen nicht in einer Struktur erschöpfen, in einer Institution, in der Erteilung und Befolgung von Beschlüssen und Weisungen. Sie lebt vor allem in den Gaben und Früchten des Hl. Geistes.

Der Hl. Geist lässt sich nicht fassen. Er ist im strengen Sinn unsichtbar, unvorhersehbar, unbegreifbar und unberechenbar. Er weht, wo er will! Das drückt sich auch in seiner begrifflichen Wiedergabe aus: Im Griechischen ist das Wort sächlich (pneuma), im Hebräischen weiblich (ruach), im Lateinischen (spiritus) und im Deutschen männlich. Auch wenn die Kirche der „bleibende Ort der Geisterfahrung" (Karl Rahner) ist, kann sein Wirken nicht auf die Kirche beschränkt werden und die Kirche muss immer wieder neu der Versuchung widerstehen, über ihn verfügen zu wollen.

Verkündigung Marias (Detail),
Kreuzgang, Brixen

Zur persönlichen Reflexion

Oft beten wir in der Kirche um die Gabe des Heiligen Geistes – und dabei übersehen wir leicht, dass wir mit dem Heiligen Geist bereits überreich beschenkt sind. Bei der Taufe und besonders bei der Firmung wird uns zugesprochen: „Sei besiegelt durch die Gabe Gottes, den Heiligen Geist." Ein Siegel ist ein unauslöschliches Prägemal, ein für alle sichtbares Kennzeichen. Der Heilige Geist, der „Atem Gottes", schenkt Leben; aber nicht nur das physische oder biologische Leben, sondern ein Leben in Fülle, das sich in den liebenden Beziehungen der Menschen untereinander sowie zu Gott entfaltet. Der Heilige Geist ist eine gemeinschaftsstiftende Kraft, er gibt uns Anteil an der schöpferischen und lebensspendenden Liebe Gottes.

Manchmal wird der Heilige Geist die „Große Unbekannte" der drei göttlichen Personen genannt. Was bedeutet es für mich, an den Heiligen Geist zu glauben? Welche biblischen Bilder für den Geist sprechen mich besonders an, und in welchen Situationen meines Lebens habe ich das machtvolle Wirken des Geistes spüren dürfen?

Fürbitte

Gott, du hast deinen Geist als Kraft des Lebens und der Liebe ausgegossen über die Kirche und über die Gläubigen: Hilf uns, dem Auftrag, der uns aus Taufe und Firmung zuwächst, treu zu bleiben und dem Leben zu dienen.

....

Gebets-anregung

Heiliger Geist,
du bist Feuer und lebendiges Licht.
Entflamme in mir Verdorrtes,
Dunkles und Abgestorbenes.
Nimm von mir die Angst
vor Veränderung und Verwandlung.
Schenke mir immer wieder Erfahrungen,
in denen mir neue Erkenntnisse geschenkt
werden und ein Licht aufgeht.
Lass mich daran glauben,
dass auch ich Licht
für andere Menschen sein kann.

Marius Spiller,
Blicke ins
Unendliche

... die heilige katholische Kirche ...

Ist die Kirche wirklich zum Glauben notwendig? Eine Frage, die heute sehr oft gestellt wird. Und die Antwort, die viele Menschen für sich persönlich gefunden haben, drückt sich in der Überzeugung aus: Glaube ja – Kirche nein. Oder: Die Kirche nur dann, wenn ich es für richtig halte oder wenn ich sie brauche.

Glaube und Kirche sind untrennbar miteinander verbunden

Unser Glaubensbekenntnis sagt: Die Kirche ist eine „Wirklichkeit des Glaubens": Christinnen und Christen bekennen, dass in der äußerlich sichtbaren, manchmal recht armseligen Gestalt der Kirche (das beginnt schon im Apostelkreis, und wir brauchen nur auf uns selber zu schauen!) in geschichtlicher Vorläufigkeit und sündiger Gebrochenheit Gottes Geist am Werk ist. Die Spannung zwischen „schon und noch nicht" wird die Kirche immer prägen: „Sie ist zugleich heilig und stets der Reinigung bedürftig, sie geht immerfort den Weg der Buße und Erneuerung" (LG 8). Gläubige Menschen

Thaddäus Salcher, Altersheimkapelle, St. Ulrich

bestreiten deswegen nichts, was an der Kirche sündig ist und was uns an der Glaubensgemeinschaft auch leiden macht (vgl. die großen Vergebungsbitten von Papst Johannes Paul II.); der Glaube sieht jedoch eine tiefere und umfassendere Wirklichkeit am Werk, vor allem in der Hl. Schrift und in der Feier der Eucharistie und der übrigen Sakramente. Der Glaube, so persönlich er sein darf und soll, ist in einem „Wir" grundgelegt, vom „Wir" der Apostel bis zum „Wir" der heutigen Kirche. Die Kirche ist das „Wir" der Christinnen und Christen. Das wird auch deutlich im „Gebet des Herrn". Christinnen und Christen können im Auftrag und im Namen Jesu nur in der „Wir-Form" beten: Vater unser (auch wenn wir es allein beten!). Christlicher Glaube ist von seiner Entstehung und von seinem Wesen her persönlich, aber nie privat (vgl. alle biblischen Berufungsgeschichten!). Der christliche Glaube ist deswegen immer kirchlich, auf die Glaubensgemeinschaft verwiesen und auch angewiesen.

Gott aber ist größer als die Kirche

Christinnen und Christen bekennen sich in ihrem Glauben zur Kirche als „Zeichen und Werkzeug für die innigste Vereinigung mit Gott" (LG 1). Die Kirche ist Zeichen, Werkzeug, Sakrament, Weg, aber nicht das Ziel und das Heil selber! Mit anderen Worten: Christinnen und Christen stellen den Glauben an den dreifaltigen Gott und den Glauben an die Kirche nicht auf die gleiche Ebene. Das Glaubensbekenntnis bringt diesen Unterschied klar zum Ausdruck. In genau wörtlicher Wiedergabe müsste man sagen: „Ich glaube an Gott, … an Jesus Christus, unseren Herrn, … an den Heiligen Geist", und: „Ich glaube *die* eine, heilige, katholische und apostolische Kirche.“ Dieser Unterschied ist mehr als eine bloße Nuance. Wir glauben nicht so an die Kirche, wie wir an Gott glauben, denn sie ist nicht Gott. Christinnen und Christen glauben vielmehr, dass die Kirche den Heilsplan Gottes „in zerbrechlichen Gefäßen“ bewahrt und weitergibt. Joseph Ratzinger, jetzt unser Papst Benedikt XVI., hat einmal gesagt: „Auch in der Kirche der Zukunft wird es einen sündigen Papst, sündige Bischöfe, sündige Priester, sündige gläubige Menschen geben. Aber in dieser Kirche wird es auch immer den Mut zur Umkehr und das Bekenntnis des Petrus geben: Du bist Christus, der Sohn des lebendigen Gottes. Und deswegen sage ich mit Gelassenheit und Freude: Ich glaube *die* eine, heilige, katholische und apostolische Kirche.“

Albert Mellauner,
Altarbild, Pfarrkirche,
St. Martin in Thurn

Zur persönlichen Reflexion

Sie steht oftmals sehr im Kreuzfeuer der Kritik: die Kirche. Sie sei engstirnig und schwerfällig bei Entscheidungen, meide Erneuerungen und ist fern den Menschen und ihren Sorgen. Was ist geworden aus jener Kirche, zu der wir uns im Glaubensbekenntnis bekennen?

Der Kernsatz sprengt geradezu die kritischen Meinungen, verweist auf etwas ganz anderes, umfassenderes: Es geht um Heiligkeit, um Einheit, um Gemeinschaft. Es geht um eine universale Kirche, die die ganze Welt umspannt, so auch die Geschichte von den Aposteln bis in die heutige Gegenwart. Eine Kirche, die sich aus Menschen zusammensetzt und menschlich handelt. Die sich bemüht um den Glauben und um die Menschen, doch sich auch bewusst ist, dass sie Fehler macht. Das macht Kirche aus, dass sie nicht von vornherein vollkommen ist, sondern auf dem Weg ist, wissend, dass Gott, der Heilige, ihr beisteht und sie heiligt. Auch geht es bei der Kirche nicht um einen exklusiven Verein oder eine Gruppierung, es geht um eine Gemeinschaft, die nur in der Einheit stärker ist als jede/jeder Einzelne. Es geht um mehr als um das Tun einer/eines Einzelnen, mehr als um den Glauben einer/eines Einzelnen. Und doch macht jede/jeder Einzelne Kirche aus und versteht sich als Zeichen und Werkzeug Gottes.

Was kann es für mich bedeuten, dass auch ich selbst zur Kirche gehöre und „Kirche bin“ und selbst dazu beitragen kann, dass Kirche gelingt? Wie wirkt das Bild einer Kirche von Menschen auf mich, die sich mit ihren Stärken, aber auch mit ihren Schwächen um den Glauben und den Menschen bemüht?

Fürbitte

Gott, du schenkst deiner Kirche den Heiligen Geist: Hilf uns, damit wir aufmerksam sind für die Sorgen und Zweifel der Menschen. Lass uns erkennen, dass jede und jeder Einzelne von uns beitragen kann, dass Kirche gelingen kann.

**Gebets-
anregung**

Unsere Kirche sei:

Eine einladende Kirche.
Eine Kirche der offenen Türen.
Eine wärmende, mütterliche Kirche.
Eine Kirche des Verstehens und Mitfühlens,
des Mitdenkens, des Mitfreuens und Mitleidens.
Eine Kirche, die mit den Menschen lacht und
mit den Menschen weint.
Eine Kirche, der nichts fremd ist
und die nicht fremd tut.
Eine menschliche Kirche,
eine Kirche für uns.

Eine Kirche, die wie eine Mutter
auf ihre Kinder warten kann.
Eine Kirche, die ihre Kinder sucht
und ihnen nachgeht.
Eine Kirche, die die Menschen
dort aufsucht, wo sie sind:
bei der Arbeit und beim Vergnügen,
beim Fabriktor und auf dem Fußballplatz,
in den vier Wänden des Hauses.
Eine Kirche der festlichen Tage
und eine Kirche des täglichen Kleinkrams.

Eine Kirche, die nicht verhandelt und feilscht,
die nicht Bedingungen stellt oder
Vorleistungen verlangt.
Eine Kirche, die nicht politisiert.
Eine Kirche, die nicht moralisiert.
Eine Kirche, die nicht
Wohlverhaltenszeugnisse verlangt
oder ausstellt.

Eine Kirche der Kleinen,
der Armen und Erfolglosen,
der Mühseligen und Beladenen,
der Scheiternden und Gescheiterten
im Leben, im Beruf, in der Ehe.

Eine Kirche derer, die im Schatten stehen,
der Weinenden, der Trauernden.
Eine Kirche der Würdigen,
aber auch der Unwürdigen,
der Heiligen, aber auch der Sünder.
Eine Kirche – nicht der frommen Sprüche,
sondern der stillen, helfenden Tat.
Eine Kirche des Volkes.

Kardinal Franz König (1905–2004),
in seinem Schlusswort zum Ende des
Zweiten Vatikanischen Konzils
am 8. Dezember 1965.

R. GUTSCHLER

... Gemeinschaft der Heiligen ...

Das Bekenntnis zur „Gemeinschaft der Heiligen" hat eine zweifache Bedeutung: Teilhabe an den heiligen Dingen, das heißt am Wort Gottes und an den Sakramenten, vor allem an den eucharistischen Gestalten und die Verbundenheit mit heiligen Personen.

Beide Bedeutungen können leicht miteinander verbunden werden: Die Gemeinschaft der heiligen Personen entsteht und verwirklicht sich durch die Teilhabe an den heiligen Dingen. Die Kirche wird zur „Gemeinschaft der Heiligen" durch ein Leben, das sich nährt aus dem Wort und dem Sakrament. „Gemeinschaft der Heiligen" ist eine der ältesten Selbstbezeichnungen der Kirche. Die Christinnen und Christen sind die Heiligen – Zusage und lebenslange Aufgabe zugleich!

An dieser Stelle ein Wort, warum gläubige Menschen andere Christinnen und Christen als „Heilige" verehren.

Friedrich Gurschler, Kreuzigungsgruppe, Pastoralzentrum, Bozen

Der Sinn christlicher Heiligenverehrung

Papst Johannes XXIII. hat einmal gesagt: „Man kann mit dem Bischofsstab in der Hand heilig werden, aber genauso gut auch mit dem Küchenbesen in der Hand." Damit hat er auf humorvolle Weise das unterstrichen, was das II. Vatikanische Konzil wieder neu ins Bewusstsein bringen wollte: Alle Christinnen und Christen sind zur Heiligkeit berufen. Die Berufung aller Getauften ist keine Geringere als heilig zu sein und heilig zu werden.

Wenn die Kirche Menschen öffentlich und feierlich zu Heiligen erklärt (und es ist beachtenswert, dass die Kirche in ihrer langen und bewegten Geschichte von keinem Menschen gesagt hat, dass er für immer von Gott verworfen sei!), dann drückt sie ihren österlichen Glauben und ihre österliche Hoffnung aus: Menschen wie wir sind jetzt bei Gott; Menschen wie wir haben das Ziel erreicht, für das wir geschaffen sind und zu dem wir ein Leben lang unterwegs sind; Menschen wie wir haben so geglaubt und so gelebt, dass Gott eine Lebensgeschichte zu einer Heiligengeschichte weiterschreiben konnte.

Die Verehrung der Heiligen ist immer ein Lobpreis der Gnade Gottes, der in schwachen und sündigen Menschen Wunder vollbringen kann. In den Heiligen sind uns Menschen geschenkt, bei denen in menschlicher Begrenztheit und Vorläufigkeit ein Leben deutlich wird, das aus dem Glauben und aus der Liebe zu Gott und zu den Menschen bewältigt wurde und das auch uns etwas zu sagen hat. Das II. Vatikanische Konzil nennt als Ziel jeder Heiligenverehrung: Das Beispiel und den Antrieb für uns, in allen Wechselfällen des Lebens „die künftige Stadt zu suchen", die Einheit der ganzen Kirche zu erfahren und einzuüben (Kirche auf dem Weg und Kirche in der Vollendung) und so zu Christus als

Michael Defner, Hauptportal (Detail), Dom, Bozen

der Krone der Heiligen zu gelangen (vgl. LG 50). Die Kirche ist nicht nur Glaubensgemeinschaft, sondern auch Heilsgemeinschaft. Von Christus her und in Christus sind auch wir Menschen füreinander heilsbedeutsam. Die Fürbitte der Heiligen ist für die Kirche und die Gläubigen deswegen wichtig, weil ihr Glaube und ihre Liebe ewige Gültigkeit vor Gott und bleibende Bedeutung für die Welt gewonnen haben. Die Verehrung der Heiligen durch die Verbundenheit mit ihnen, durch das gottesdienstliche Gedenken, durch die Nachahmung und durch die Bitte um ihre Fürbitte ist daher letztlich Ausdruck des Gemeinschafts- und Zeichencharakters der Kirche. Die Heiligenverehrung ist deshalb keine Konkurrenz zur Anbetung

Gottes, sondern Zeichen und Zeugnis unseres Glaubens an die Macht der Gnade Gottes und auch eine Ermutigung für ein christliches Leben. Heilige können wir vergleichen mit einem lebendigen Kommentar zum Leben Jesu und zu den einzelnen Seiten des Evangeliums. Kein Kommentar ist vollständig. In jedem Kommentar gibt es auch Einseitigkeiten und Übersetzungsschwierigkeiten. Sie sind aber eine konkrete und gläubige Ermutigung, den eigenen, persönlichen Kommentar zum Evangelium zu schreiben. Und das ist für Christinnen und Christen in der Nachfolge des gekreuzigten und auferstandenen Herrn der Lebensauftrag. Wir dürfen stolz sein auf unsere Heiligen!

Franz Anton Zeiller,
Orgelempore,
Heilige (Detail),
Priesterseminar, Brixen

Zur persönlichen Reflexion

„Wer glaubt, ist nie allein“ (Benedikt XVI.). Auch wenn der Glaube eine ganz persönliche Entscheidung ist, so glauben wird doch nie allein oder nur für uns. Wir sind in die Gemeinschaft der Kirche eingebunden, in die irdische ebenso wie in die himmlische. Wir gehören zum lebendigen „Fluss des Glaubens“, der die Kirche durch die Jahrtausende bis heute durchströmt. Heilig sind wir: Nicht weil wir moralisch untadelig wären, sondern weil Gott uns an seinem Leben teilhaben lässt und uns sein Heil schenkt. „Die Heiligkeit besteht nicht darin, außergewöhnliche Unternehmungen zu vollbringen, sondern darin, sich mit Christus zu vereinen: Aus unseren Haltungen die seinen, aus unseren Gedanken die seinen, und aus unserem Benehmen das seine zu machen“ (Benedikt XVI.).

Bemühe ich mich um Heiligkeit, oder gebe ich mich mit dem Mittelmaß zufrieden? In welche kirchliche Gemeinschaft bin ich eingebunden und was kann ich beitragen zu ihrer Lebendigkeit? Wem vertraue ich besonders, dass er/sie für mich Fürsprecher/in im Himmel ist?

Fürbitte

Gott, in der Taufe hast du uns zur Heiligkeit berufen: Hilf uns, dass wir eine dir wohlgefällige Gabe werden und uns einsetzen für den Aufbau einer lebendigen Kirche.

....

**Gebets-
anregung**

Danach sah ich: eine große Schar aus allen Nationen und Stämmen, Völkern und Sprachen; niemand konnte sie zählen. Sie standen in weißen Gewändern vor dem Thron und vor dem Lamm und trugen Palmzweige in den Händen. Sie riefen mit lauter Stimme: Die Rettung kommt von unserem Gott, der auf dem Thron sitzt, und von dem Lamm. Und alle Engel standen rings um den Thron, um die Ältesten und die vier Lebewesen. Sie warfen sich vor dem Thron nieder, beteten Gott an und sprachen: Amen, Lob und Herrlichkeit, Weisheit und Dank, Ehre und Macht und Stärke unserem Gott in alle Ewigkeit. Amen.

Da fragte mich einer der Ältesten: Wer sind diese, die weiße Gewänder tragen, und woher sind sie gekommen? Ich erwiderte ihm: Mein Herr, das musst du wissen. Und er sagte zu mir: Es sind die, die aus der großen Bedrängnis kommen; sie haben ihre Gewänder gewaschen und im Blut des Lammes weiß gemacht. Deshalb stehen sie vor dem Thron Gottes und dienen ihm bei Tag und Nacht in seinem Tempel; und der, der auf dem Thron sitzt, wird sein Zelt über ihnen aufschlagen. Sie werden keinen Hunger und keinen Durst mehr leiden, und weder Sonnenglut noch irgendeine sengende Hitze wird auf ihnen lasten. Denn das Lamm in der Mitte vor dem Thron wird sie weiden und zu den Quellen führen, aus denen das Wasser des Lebens strömt, und Gott wird alle Tränen von ihren Augen abwischen.

Offb 7,9-17

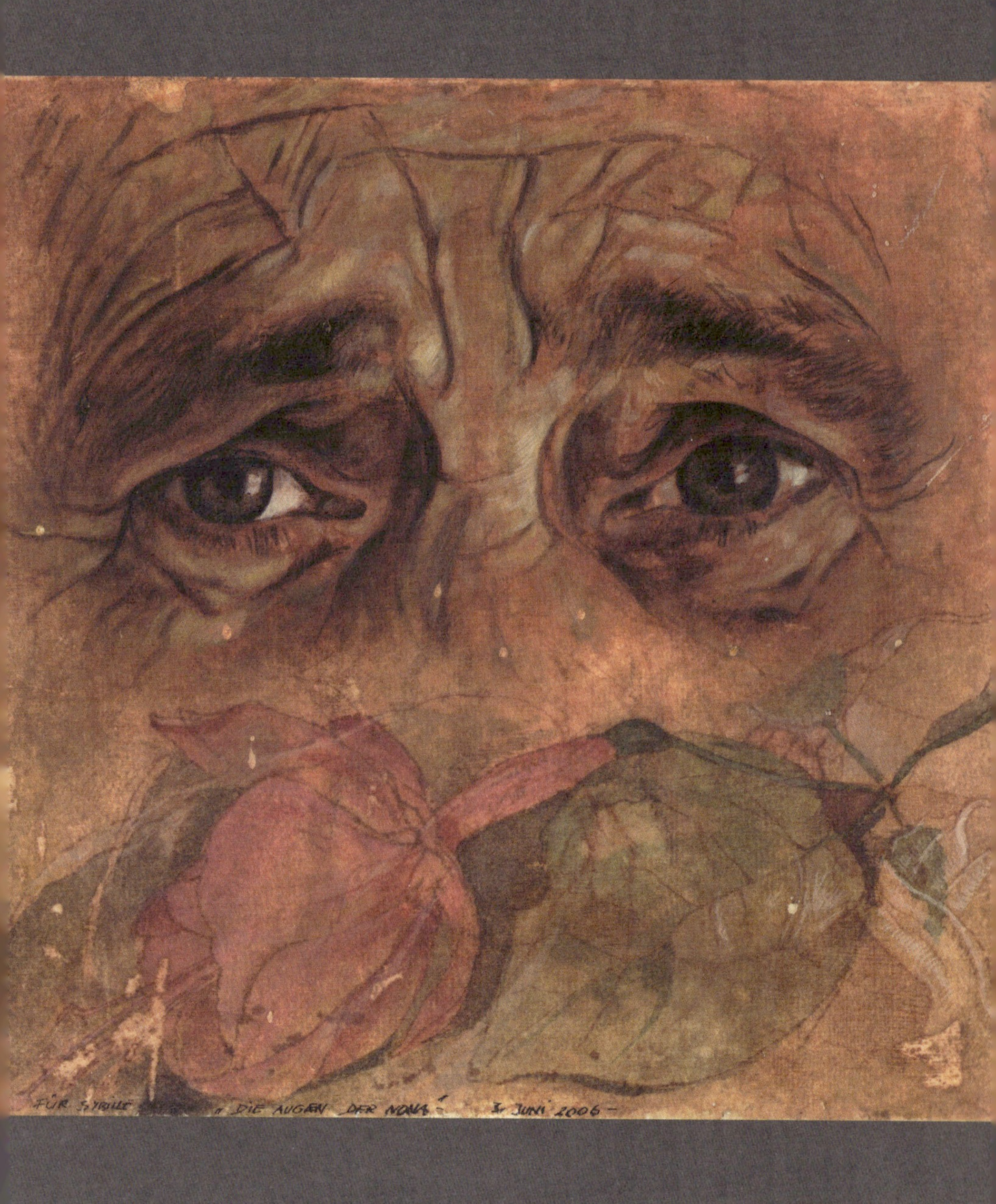
FÜR SYBILLE „DIE AUGEN DER NONA"
3. JUNI 2006

... Vergebung der Sünden ...

Die Sünde ist eine Realität – im Leben jedes einzelnen Menschen und im Zusammenleben der Menschen.
Die Sünde ist auch eine schmerzliche Realität in der Kirche. „Vergib uns unsere Schuld, wie auch wir vergeben unseren Schuldigern", so müssen wir gerade als Kirche beten und uns verhalten. Die Sünde entfaltet ihre zerstörerische Kraft vor allem dort, wo sie verharmlost, verniedlicht, vertuscht oder sogar geleugnet wird. Zur Glaubenserfahrung des Gottesvolkes im Alten und im Neuen Testament gehört die schmerzlich-befreiende Gewissheit, dass wir Menschen uns nicht aus eigener Kraft der Sünde und ihren Folgen entziehen können.

Der Glaube nimmt die Sünde sehr ernst und er weiß um ihre zersetzende, verletzende und lebensfeindliche Kraft. Deswegen setzt der biblische Glaube gerade in der Konfrontation mit dieser dunklen und leidvollen Realität alles auf eine Karte: auf Gott und seine Bereitschaft zur Vergebung der Sünden. „Würdest du, Herr, unserer Sünden gedenken,

Gotthard
Bonell,
Mutter

Herr, wer könnte bestehen?", so betet und hofft ein gläubiger Mensch im Psalm 130. „Wären eure Sünden auch rot wie Scharlach, sie sollen weiß werden wie Schnee. Wären sie rot wie Purpur, sie sollen weiß werden wie Wolle", so wagt der Prophet Jesaja seinen Gott zu verkünden (Jes 1,18). Das ganze Neue Testament steht unter der Zusage: „Er ist die Sühne für unsere Sünden, aber nicht nur für unsere Sünden, sondern auch für die der ganzen Welt" (1 Joh 2,2).
Es gibt nur eine Sünde, die nicht vergeben werden kann: die „Sünde gegen den Geist" (Mt 12,31). Diese Sünde besteht in der Zurückweisung der Einladung des Heiligen Geistes, die Schuld einzugestehen, um Verzeihung zu bitten und einen Weg der Umkehr zu beginnen. Mit anderen Worten: Es gibt keine unvergebbare Sünde, wenn der Mensch die Sünde zugibt, wenn er um Vergebung bittet und wenn er sich vergeben lässt. Die „Vergebung der Sünden" gehört zu den schönsten Zusagen, die der Glaube uns schenkt. Es ist wie eine Zusammenfassung des ganzen christlichen Bekenntnisses: Gott will nicht den Tod des Sünders, sondern sein Leben. Wir brauchen Christus als unseren Erlöser! Zugegebene und vergebene Schuld ist eine besondere Gelegenheit, Gott zu begegnen.

Robert Bosisio, Interieur 56

Zur persönlichen Reflexion

Schuld einzugestehen fällt heute vielen schwer. Zu bekennen, gesündigt zu haben und die Sünde beim Namen zu nennen, ist Ausdruck einer gefestigten Persönlichkeit und zeugt von Beziehungsfähigkeit. Denn Sünde ist nicht bloß ein Verstoß gegen Gebote, sondern die Verletzung der Verantwortung gegenüber mir, dem Nächsten, der Umwelt und Gott. Sünde zerstört Beziehungen. Hier leuchtet das Befreiende des christlichen Glaubens auf: Gott hält mir meine Verfehlungen nicht auf ewig vor, sondern ermöglicht einen Neuanfang. Er heilt Beziehungen, die ich durch die Sünde verletzt oder abgebrochen habe. Schuld einzugestehen und zu bereuen ist keine Schwäche, sondern Ausdruck von Stärke; um Vergebung zu bitten ist keine Blöße, sondern zutiefst menschlich.

Gehört die regelmäßige Gewissenserforschung zu meiner Glaubenspraxis? Nehme ich den kirchlichen Dienst der Sündenvergebung wie den Bußakt in der Eucharistie oder das Sakrament der Versöhnung bewusst wahr? Habe ich die Kraft, um Verzeihung zu bitten? Bin ich anderen gegenüber nachtragend?

Fürbitte

Gott, du bist die Quelle der Barmherzigkeit: Gib uns den Mut, um Vergebung zu bitten, wo wir an Anderen schuldig geworden sind, und die Großherzigkeit, auch selbst zu vergeben, wo Andere an uns schuldig geworden sind.

....

**Gebets-
anregung**

Gott der allmächtige Vater
hat durch den Tod
und die Auferstehung seines Sohnes
die Welt mit sich versöhnt
und den Heiligen Geist gesandt
zur Vergebung der Sünden.
Durch den Dienst der Kirche
schenke er Dir Verzeihung und Frieden!
So spreche ich Dich los von Deinen Sünden
im Namen des Vaters
und des Sohnes
und des Heiligen Geistes!

Amen

Sakrament der Versöhnung,
Lossprechungsformel

... Auferstehung der Toten und das ewige Leben ...

Am Ende der Geschichte und unseres eigenen Lebens wird nicht das Chaos stehen. Die Auferstehung der Toten und das ewige Leben sind die letzte Konsequenz jenes Glaubens, der die ganze Heilsgeschichte durchzieht: Gott ist treu. Nicht diese Welt und auch nicht die letzte Erfahrung, die mit dieser Welt verbunden ist, nämlich der Tod, haben das letzte Wort. Es gibt mehr, wir sind geschaffen für mehr! Christinnen und Christen leben aus der Hoffnung, dass diese Welt mit all ihren Schönheiten, Aufgaben und Werten, aber auch mit ihrem Leid und ihrer Gebrochenheit nicht die letzte Bestimmung des Menschen sein können.

Das christliche Glaubensbekenntnis endet mit der Hoffnung: Was Untergang zu sein scheint und auch als Untergang erlebt wird – denn beim Tode ist von einem Sterben im wahrsten Sinn des Wortes die Rede –, das erweist sich im Blick auf das Christusereignis als ein Eintreten ins Leben. Nur wenn es die Auferstehung und das ewige Leben gibt, ist

Paul Troger, Aufnahme Mariens in den Himmel, Chorraum, Dom, Brixen

Gott wirklich Gott. Nur wenn Gott ein Gott der Lebenden und nicht der Toten ist, geht auch der Glaube an ihn nicht ins Leere. Mit dieser letzten Zusage des Glaubensbekenntnisses steht alles auf dem Prüfstand, was das christliche Glaubensbekenntnis enthält. Einer der größten Zeugen der gesamten Glaubensgeschichte, der Apostel Paulus, bringt es mit der für ihn typischen Deutlichkeit auf den Punkt: „Wenn wir unsere Hoffnung nur in diesem Leben auf Christus gesetzt

Robert Bosisio,
Interieur 18

haben, sind wir erbärmlicher daran als alle anderen Menschen. ... Wenn Tote nicht auferweckt werden, dann lasst uns essen und trinken; denn morgen sind wir tot. ... Was gesät wird, ist verweslich, was auferweckt wird, unverweslich. Was gesät wird, ist armselig, was auferweckt wird, herrlich. Gesät wird ein irdischer Leib, auferweckt ein überirdischer Leib ... Gott sei Dank, der uns den Sieg geschenkt hat durch Jesus Christus, unseren Herrn" (1 Kor 15).

Zur persönlichen Reflexion

Welchen Trost kann das Glaubensbekenntnis den Hinterbliebenen geben, die am Grab eines lieben Verstorbenen stehen? Welche Hoffnung lässt sich in diesem Glaubenssatz finden, die in der Zeit der Trauer, der Orientierungslosigkeit und der Ohnmacht Hilfe bieten kann?
Das allerletzte Wort im Bekenntnis heißt Leben – das EWIGE LEBEN. Nicht der Tod hat das letzte Wort, sondern das Leben in Jesus Christus. Jesus sagt nicht, ich habe das Leben, sondern: „Ich bin der Weg, die Wahrheit und das Leben; niemand kommt zum Vater außer durch mich" (Joh 14,6). Das ewige Leben lässt sich somit nicht loslösen von der Person Jesu Christi. Er, der der Weg ist, führt uns in die Gemeinschaft mit dem Vater. Auferstehung ist die Hoffnung auf ein Wiedersehen und ein Leben ganz und gar in der Gemeinschaft mit Jesu und dem Vater. Das Glaubensbekenntnis ist somit eine Zusage des Glaubens und der Zuversicht, das uns verbindet mit den Christinnen und Christen aller Zeiten und an allen Orten. Es ist ein Bekenntnis der Hoffnung, eine Zustimmung und Bejahung des Lebens!

Kann mir am Grab eines lieben Verstorbenen die Verheißung auf das ewige Leben Hoffnung und Trost geben? Woran zweifle ich? Macht mir der Tod Angst?

Fürbitte

Gott, du bist der Ursprung und die Vollendung des Lebens: Stärke unseren Glauben, wenn wir an deinen Verheißungen zweifeln und hilf uns, dass wir Mut haben, uns auf deine Frohe Botschaft einzulassen.

....

**Gebets-
anregung**

Auferstanden

Grab, das ist:
nicht mehr weiterkönnen.
Grab, das ist:
keine Aussicht haben.
Grab, das ist:
zerbrochene Seele.
Grab, das ist:
ausgeronnen.
Grab, das ist:
tot.

Auferstanden, das ist:
Aufgabe haben.
Auferstanden, das ist:
Neuland sehen.
Auferstanden, das ist:
Liebe schenken.
Auferstanden, das ist:
vertrauen können.

aus: Martin Gutl, In vielen Herzen verankert.
Seine schönsten Texte, Verlag Styria, 1996, S. 183

Bildlegenden

54 Gotthard Bonell, Auferstehung, Kapelle im Seniorenheim, Tscherms, 2006; Foto: Heiner Schweigkofler

56 Thaddäus Salcher, Jesus, Friedensweg, Kaltern, 1999

60 Pacher-Werkstatt, Weltgericht, Friedhofskapelle, Gais, Anfang 16. Jh.; Foto: Karl Gruber

63 Martin Rainer, Auferstehung, Grabkreuz (Detail), Friedhof Karthaus; Foto: Patrizia Major Schwienbacher

66 Annemarie Laner, Totenkapelle, Seniorenheim, Olang, 2010–2011; Foto: Robert Gasteiger

68 Flügeltafel, Pfingsten (Detail), Diözesanmuseum, Brixen, ehemals Ursulinenkirche, Bruneck, um 1515; Foto: Karl Gruber

71 Verkündigung Mariens (Detail), Kreuzgang, 10. Arkade, Brixen, um 1400; Foto: Karl Gruber

73 Marius Spiller, Blicke ins Unendliche, 2012

74 Thaddäus Salcher (Arch. Heinold Gasser), Altersheimkapelle, St. Ulrich, 2003

77 Albert Mellauner, Altarbild, Pfarrkirche, St.Martin in Thurn, 2010–2011; Foto: Hermann Maria Gasser

82 Friedrich Gurschler, Kreuzigungsgruppe mit Diözesanpatronen, Pastoralzentrum, Bozen, 1995; Foto: Patrizia Major Schwienbacher

85 Michael Defner, Hauptportal (Detail), Dom, Bozen, 1989; Foto: Josef Rotter

86 Franz Anton Zeiller, Orgelempore, Heilige (Detail), Priesterseminar, Brixen, 1765; Foto: Karl Gruber

90 Gotthard Bonell, Mutter, 1998–2006; Scan: Typoplus

93 Robert Bosisio, Interieur 56, 2010; Scan: Typoplus

96 Paul Troger, Aufnahme Mariens in den Himmel, Deckenfresko im Chorraum, Dom, Brixen, 1748; Foto: Tappeiner GmbH

98 Robert Bosisio, Interieur 18, 2009; Scan: Typoplus

Impressum

Text zum CREDO
Bischof Ivo Muser

Impulse zu den Glaubenssätzen
P. Martin M. Lintner OSM
Patrizia Major Schwienbacher

Konzept und Koordination
Patrizia Major Schwienbacher

Fotos und Unterstützung
Tappeiner GmbH, Typoplus, Tone Gasser, Hermann Maria Gasser,
Robert Gasteiger, Karl Gruber, Augustin Ochsenreiter,
Josef Rotter, Heiner Schweigkofler, Peter Schwienbacher

Künstlerische Beiträge
Lois Anvidalfarei, Gotthard Bonell, Robert Bosisio,
Karl Grasser, Friedrich Gurschler, Ursula Huber,
Annemarie Laner, Albert Mellauner, Robert Pan,
Thaddäus Salcher, Marius Spiller

Korrektur
Helga Dander, Walther Werth

Grafische Gestaltung
Blauhaus, Bozen

Druck
Athesia Druck, Bozen

2013

ISBN 978-88-8266-955-3
www.athesia.com
buchverlag@athesia.it

Das Buch ist auch in italienischer Sprache erhältlich
Il nostro CREDO; Al cuore della fede
ISBN 978-88-8266-956-0